MAURO CARDELLA

INVESTIRE IN BORSA CON I TREND DI MASSA

Come Anticipare le Tendenze di Mercato Studiando la Psicologia delle Folle

Titolo

"INVESTIRE IN BORSA CON I TREND DI MASSA"

Autore

Mauro Cardella

Editore

Bruno Editore

Sito internet

http://www.brunoeditore.it

Sommario

Introduzione

Per arricchirsi in borsa bisogna vendere quando tutti comprano e comprare quando tutti vendono. Facile! Perché la maggioranza delle persone fa esattamente il contrario? È la negazione della razionalità, della logica. Perché le persone, quando devono investire in borsa, nonostante gli sforzi dei singoli investitori di essere razionali, finiscono per manifestare un comportamento irrazionale? Perché ci assale l'ansia, la paura?

William D. Gann sosteneva che la debolezza maggiore in un investitore è il fattore umano e afferma: «Uno dei motivi principali per cui i trader perdono è che, invece di pensare con la propria testa, lasciano che siano gli altri a pensare per loro e si fanno consigliare». Se vuoi avere successo, devi studiare per conto tuo e fare le tue analisi. Se non ti trasformi da agnello in soggetto pensante e non vai alla ricerca della conoscenza, farai la fine del resto del parco buoi. L'unico modo in cui gli altri possono aiutarci consiste nel lasciarci agire da soli, oppure nell'insegnarci a farlo. Per realizzare tutto questo occorre necessariamente conoscere il comportamento dell'individuo, sia quando agisce singolarmente, sia quando agisce insieme alla folla.

Nonostante ciò, tra gli operatori, l'interesse per la psicologia è decisamente basso e di conseguenza ci sono pochi testi italiani sull'argomento. Evidentemente anche qui vige la legge della domanda e dell'offerta: si offre ciò che si vende più facilmente e un libro che "garantisce" un sistema di trading sicuro si venderà meglio di un testo di psicologia.

Procediamo con ordine. Lasciamo ai manuali specialistici la storia e le varie teorie sulla psicologia, anche se inevitabilmente dovremo citarne qualcuno nel corso logico dell'esposizione, e concentriamoci su quello che più ci interessa: capire e riconoscere alcuni comportamenti ricorrenti degli investitori.

Come leggere questo testo per trarne qualche profitto? Non è certo un libro operativo che promette di svelare, attraverso un metodo, il sistema per battere sistematicamente il mercato; l'obiettivo è interpolare psicologia e analisi tecnica o fondamentale. È importante evidenziare che molti degli argomenti trattati possono essere indifferentemente applicati sia all'investimento di lungo periodo che al trading di breve/medio termine. Nel primo caso, la conoscenza dei fattori psicologici ci permetterà di realizzare i migliori risultati possibili aumentando i rendimenti del nostro portafoglio, nel secondo di non cadere nelle varie trappole psicologiche che ci impediscono di diventare investitori di successo anche se si dispone di un buon sistema di trading.

Naturalmente un'analisi siffatta non sarà mai completa senza un'adeguata osservazione e comprensione dei fatti storici, politici ed economici che operano in ogni contesto. Ma riuscire a capire se, in determinate situazioni di mercato, prevalga la logica o l'irrazionalità, ci può dare quel vantaggio competitivo che potrebbe non dico far guadagnare, ma almeno non farci perdere soldi. I capitoli che compongono questo lavoro sono accostati secondo un ragionamento non sempre consequenziale, ma con un unico filo conduttore, cioè capire meglio il perché di certi comportamenti umani e come questi influenzino le nostre scelte di investimento.

CAPITOLO 1:

Che cos'è la psicologia delle folle

Se tutti gli investitori fossero razionali e dunque facessero le stesse valutazioni finanziarie, perché dovrebbero scambiarsi grandi volumi di titoli? Nessun operatore razionale accetterebbe di fare transazioni con un altro operatore razionale senza la speranza di un profitto. La dinamica dei prezzi con periodi di sottovalutazione alternata a periodi di sopravvalutazione è spiegabile solamente se accettiamo l'idea che le quotazioni sono influenzate dai cambiamenti degli stati d'animo degli investitori.

Questi esprimono, nella valutazione dei loro investimenti, tutta la natura umana, in cui subentra spesso un versante di irrazionalità e di scelte poco spiegabili. Esiste una scienza del comportamento che ci aiuta a capire questi processi, le tecniche persuasorie e il rapporto tra razionalità e irrazionalità nei comportamenti degli investitori.

Secondo la teoria comportamentistica, fondata da John B. Watson, il comportamento dell'individuo deve essere considerato come la risultante di risposte a determinate stimolazioni provenienti dall'ambiente esterno. Il comportamentismo mira a «capire, spiegare e prevedere il comportamento umano». Nella folla, l'esagerazione di un sentimento aumenta d'intensità per il fatto che, propagandosi molto in fretta grazie alla suggestione e al contagio, quel sentimento è oggetto di approvazioni che ne accrescono considerevolmente la forza.

SEGRETO n. 1: i prezzi dei beni speculativi sono condizionati dalle mode, dagli entusiasmi passeggeri e dalle bolle; diventa quindi fondamentale conoscere i fenomeni che vanno sotto il nome di *influenzamento di massa* e *modelli popolari di investimento*.

L'inconsapevolezza di alcuni comportamenti non ci deve meravigliare. Lo stesso Freud constatava che la natura umana è per la maggior parte inconscia; essa assomiglia a un iceberg, i cui nove decimi sono nascosti o inconsci, e solo un decimo è in superficie o consapevole.

Per questo i nove decimi dei nostri atti sono dettati da motivazioni inconsce. Ecco perché svelare almeno parte dell'inconscio ci aiuta a capire quali sono le motivazioni autentiche che spingono a determinati comportamenti.

Cosa si intende per finanza comportamentale?

La personalità dell'investitore è complessa e interpretare il comportamento finanziario degli individui, come attività umana, ci consente di comprendere il perché di determinate scelte adottate. La finanza comportamentale, che purtroppo è ancora ai suoi primi passi in Italia, è sorta una trentina di anni addietro negli Stati Uniti dove si è andata sempre più evolvendo, fino ad assumere, oggi, il ruolo di disciplina scientifica.

Essa ci aiuta a capire come gli investitori, per quanto riguarda determinate problematiche, ragionino con criteri simili e facciano le stesse valutazioni finanziarie che spesso risultano essere poco spiegabili e alquanto irrazionali. Le loro scelte sono estremamente influenzate dalle modalità di offerta: essi tendono a dare eccessivo valore alla singola notizia, senza considerarla nel contesto di tutta la situazione generale; preferiscono vendere titoli su cui sono in guadagno e non quelli su cui sono in perdita per non dover riconoscere gli errori commessi. Analizzando quindi le modalità di scelta e il comportamento adottato dagli individui nei loro investimenti finanziari, sorgono notevoli dubbi sulla loro razionalità.

La finanza comportamentale, alla luce dei modelli mutuati dalla psicologia cognitiva, ci può far comprendere meglio le possibili motivazioni di certi eventi, aiutarci a capire perché i nostri rendimenti a volte sono negativi, e ci suggerisce argomenti di ragionamento facendoci "conoscere finanziariamente noi stessi".

La legge psicologica dell'unità mentale delle folle

Quando è solo, il singolo si sente incompleto, quindi in una qualsivoglia moltitudine umana compare con grande facilità la tendenza al formarsi di una massa. Ogni singolo è elemento costitutivo di molte masse, ed è soggetto, tramite l'identificazione, a legami multilaterali e quindi partecipe di molte anime collettive, della sua razza, del suo ceto, della sua comunità religiosa, della sua nazionalità ecc.

SEGRETO n. 2: la persona non è mai chiusa in sé, ma coglie se stessa come membro di una comunità di persone.

A queste formazioni collettive stabili si sovrappongono altre formazioni effimere e temporanee. Una di queste è proprio la massa degli investitori.

La caratteristica della folla, come sosteneva Gustave Le Bon, è che gli individui che la compongono – indipendentemente dal tipo di vita, dalle occupazioni, dal temperamento o dall'intelligenza – acquistano una sorta di anima collettiva per il solo fatto di appartenere alla folla. Tale anima li fa sentire, pensare e agire in un modo del tutto diverso da come ciascuno di essi, individualmente, sentirebbe, penserebbe e agirebbe.

Alcuni caratteri psicologici delle folle sono presenti anche negli individui isolati; altri, invece, appartengono soltanto alla collettività.

SEGRETO n. 3: nell'anima collettiva le attitudini intellettuali degli uomini, e di conseguenza le loro individualità, si annullano: le folle non accumulano l'intelligenza, ma la mediocrità.

I caratteri specifici delle folle

Migliaia di individui separati possono, in un dato momento e sotto l'influenza di certe emozioni, acquistare le caratteristiche di una folla psicologica, assumendone caratteri sia generali che particolari.

Ma quali sono i caratteri specifici delle folle? Il primo è che l'individuo nella folla acquista, per il solo fatto del numero, un sentimento di potenza invincibile e il senso di responsabilità diminuisce o scompare. Un secondo carattere è il contagio mentale, che determina nelle folle il loro orientamento. Il terzo carattere è la suggestionabilità per cui anche gli individui con una forte personalità, se in minoranza, sono trascinati dalla corrente. Ciò spiega il rapido orientarsi delle idee verso una determinata direzione.

In conclusione, annullamento della personalità cosciente, predominio della personalità inconscia, orientamento determinato dalla suggestione e dalle idee in un determinato senso, tendenza a trasformare immediatamente in atti le idee suggerite: tali sono i caratteri dell'individuo in una folla. Egli non è più se stesso ma un automa, incapace di essere guidato dalla propria volontà.

Dal momento che fanno parte di una folla, l'ignorante e il sapiente diventano in ugual misura incapaci di discernimento. Inoltre l'opposizione al gregge equivale alla separazione da esso e viene pertanto ansiosamente evitata. Fermiamoci un attimo: vi sembra una posizione troppo estremista?

Chi da qualche anno segue la borsa sicuramente ricorda i raggruppamenti di persone – folla – davanti ai borsini, dove gli investitori si scambiano notizie e rumor su "titoli sicuri". Per investire la prassi ancora dominante è quella di seguire le voci spesso inventate, se non costruite apposta per innescare il movimento desiderato. Se pensiamo ai prezzi assurdi raggiunti da alcuni titoli nel 1999/2000, non vi sembra che in parecchie persone sia scomparso il senso di responsabilità per lasciarsi suggestionare e trascinare dalla massa? Chi non è mai stato "contagiato" nel prendere una decisione di investimento? Anche i manager dei fondi comuni spesso si allineano agli altri nelle loro scelte dei titoli, perché questo, nel caso di investimento sbagliato, permette loro di sostenere che molti altri investitori hanno fatto la stessa scelta, ma il risultato non è stato quello atteso.

L'investitore privato, seguendo il gregge nella selezione degli investimenti, elimina il difficile lavoro della scelta dei titoli e mitiga, nel caso il risultato non sia quello sperato, il **sentimento del rimpianto**. Della serie: mal comune mezzo gaudio.

Fenomeni di contagio

I fenomeni di "contagio" o "infezione" possono avere diverse velocità, secondo le circostanze. In certi casi ci vogliono anni perché una posizione prenda piede, in altri poche ore. Ad esempio, la Figura 1 ci mostra come, dopo il crollo del 1929, ci sia voluto più di un decennio perché la massa riuscisse a superare la diffidenza nei confronti della borsa e solo dopo un quarto di secolo le quotazioni sono riuscite a superare il massimo raggiunto nel suddetto anno.

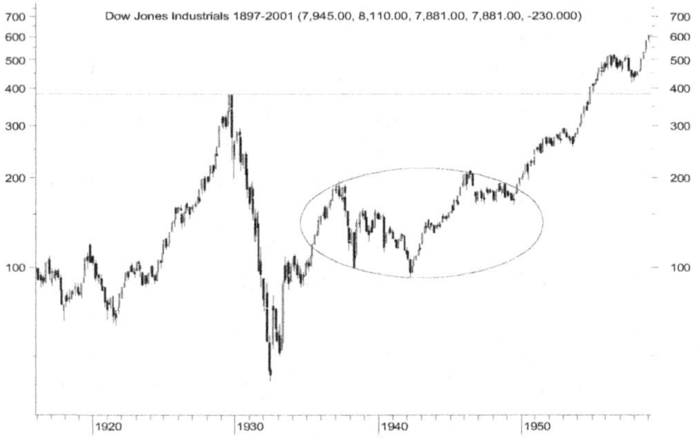

Figura 1.

I processi di contagio stanno alla base della diffusione, presso il grande pubblico, delle opinioni prevalenti sul funzionamento dell'economia e della finanza, definite **modelli popolari**.

È sufficiente che un giornale cominci a evocare qualche aspetto della vita dei mercati finanziari, richiamando le vicende del 1929, per avere una reazione sproporzionata da parte degli investitori, non giustificata dall'attuale situazione del mercato.

Prima di andare avanti ritengo opportuno insistere su questo argomento ancora un po', perché costituisce un nodo fondamentale per comprendere i concetti che andremo ad affrontare. Noi pensiamo abitualmente che gli altri siano liberi, che soppesino le alternative ed effettuino le loro scelte in modo razionale. Ognuno sembra essere padrone di sé.

In realtà questa è solo una credenza occidentale, la quale nega del tutto quel fenomeno fondamentale della vita comunitaria che chiamiamo **influenza** e che è uno dei concetti più importanti della psicologia sociale. Di solito non siamo nemmeno consapevoli di tale influenza e non sappiamo come e perché avviene. Non vi è nessun segno di costrizione o di manifesta pressione.

SEGRETO n. 4: le persone sono in una condizione di suggestione ipnotica ogni qualvolta stanno insieme. Ciò genera l'imitazione, cioè quel meccanismo per il quale tutto ciò che è individuale diviene sociale, creando così uniformità comune.

La folla e il mercato azionario hanno molti elementi in comune. Si muovono entrambi in base all'incertezza e alle voci. In *Massa e potere* Elias Canetti sostiene che il denaro è in grado di creare il motivo di interesse e la spinta per la formazione di una mentalità di massa.

La folla è per definizione instabile, non conosce momenti di stasi, non ha punti di equilibrio ed è spinta da una dinamica che la porta a crescere o ad affondare. Al momento di disperdersi la folla è facilmente vittima del panico «perché appartiene alla natura del panico» scrive Freud «che esso non sia proporzionale al pericolo incombente e si manifesti spesso per i motivi più futili».

RIEPILOGO DEL CAPITOLO 1:

- SEGRETO n. 1: I prezzi dei beni speculativi sono condizionati dalle mode, dagli entusiasmi passeggeri e dalle bolle; diventa quindi fondamentale conoscere i fenomeni che vanno sotto il nome di *influenzamento di massa* e *modelli popolari di investimento*.
- SEGRETO n. 2: La persona non è mai chiusa in sé, ma coglie se stessa come membro di una comunità di persone.
- SEGRETO n. 3: Nell'anima collettiva le attitudini intellettuali degli uomini, e di conseguenza le loro individualità, si annullano: le folle non accumulano l'intelligenza, ma la mediocrità.
- SEGRETO n. 4: Le persone sono in una condizione di suggestione ipnotica ogni qualvolta stanno insieme. Ciò genera l'imitazione, cioè quel meccanismo per il quale tutto ciò che è individuale diviene sociale, creando così uniformità comune.

CAPITOLO 2:
Quali sono i ragionamenti delle folle

Tutti i ragionamenti sono basati su associazioni; ma le idee che le folle associano hanno tra loro soltanto legami apparenti di somiglianza o di successione. Associazioni di cose dissimili prive di rapporti evidenti e generalizzazioni immediate di casi particolari: tali sono le caratteristiche della logica collettiva. Gli oratori che sanno manipolare le folle ricorrono sempre ad associazioni di questo tipo perché sono le sole che possono avere effetto.

SEGRETO n. 5: gli argomenti che le folle accolgono e impiegano appaiono, dal punto di vista logico, di un ordine talmente inferiore che soltanto per analogia possono essere definiti ragionamenti.

Opinioni e credenze

I fattori che determinano le opinioni e le credenze sono di due ordini: remoti e immediati. I fattori remoti inducono le folle ad adottare certe convinzioni e a respingerne altre e servono a predisporre il terreno sul quale germogliano all'improvviso le idee nuove, la cui forza e i cui risultati stupiscono, ma la cui spontaneità è solo apparente. Certe idee a volte esplodono e agiscono nelle folle con subitaneità folgorante. Questo è, però, soltanto un effetto superficiale dietro al quale bisogna cercare, quasi sempre, un lungo lavorio interiore.

La persuasione attiva delle folle è provocata proprio dai fattori immediati, sovrapposti a questo lungo lavorio senza il quale non agirebbero. Naturalmente tutto questo ha bisogno di tempo per realizzarsi. Le idee non germinano per caso, ma hanno radici che affondano nel passato. Quando sbocciano è perché il tempo ha preparato la loro fioritura.

Perché gli individui si conformano

Lo scopo principale della misurazione degli atti individuali è quello di predire il comportamento. È sufficiente fermarsi un momento a riflettere per convincersi che esiste una propensione piuttosto generale a modificare gli atteggiamenti e i comportamenti in modo da adeguarli a quelli di chi ci circonda. Questo sembra avvenire sia nel caso di argomenti relativamente secondari come la moda e il gusto musicale, sia per i valori morali e le azioni sociopolitiche fondamentali. Quali possono essere i fattori che soggiacciono a questa diffusa tendenza verso l'uniformità nei gruppi?

Le spiegazioni principali proposte per questo conformismo nei confronti della maggioranza suggeriscono la presenza di tre motivazioni principali:

- il bisogno di dipendere dagli altri per le informazioni sul mondo e per provare la validità delle nostre opinioni;
- il raggiungimento di obiettivi di gruppo che è facilitato da un'uniformità degli scopi;
- il bisogno di approvazione che nasce dal desiderio di non sembrare diverso.

Così, molte delle opinioni che sembrano individuali sono invece dettate da norme di gruppo; d'altronde, la stessa appartenenza a

un gruppo è dovuta al fatto che la gente tende a raggrupparsi con persone le cui idee e i cui interessi siano analoghi ai propri.
Inoltre bisogna osservare che, quando i gruppi danno giudizi su argomenti per i quali non c'è una risposta certa, quasi sempre mostrano effetti di polarizzazione; la decisione collettiva è più estrema rispetto alla media delle opinioni individuali nella stessa direzione.

Attenzione! Noi comunemente riteniamo che l'errore può essere solo individuale, mentre la verità è sociale e s'impone in modo spontaneo sulla maggioranza. Così accettiamo la credenza collettiva e tutti condividono collettivamente la medesima realtà sociale.

I gruppi possono quindi prendere cattive decisioni quando non considerano tutte le informazioni rilevanti e non valutano l'intera gamma di opzioni disponibili. Janis definisce questo fenomeno "pensiero di gruppo" e ritiene che abbia luogo quando un gruppo è guidato da un leader molto direttivo.

Come cambiano gli atteggiamenti

L'atteggiamento è un sentimento positivo o negativo generale e durevole ed è fondato su credenze. Noi adottiamo degli atteggiamenti rispetto a tutto; in particolare possiamo distinguere:

- atteggiamenti di adattamento; in questo caso sviluppiamo inconsciamente gli stessi atteggiamenti delle persone con le quali ci identifichiamo. Quando, ad esempio, il nostro broker ci dice che un'azione salirà, finiamo per sviluppare la stessa opinione e se il mercato è al rialzo in questo caso siamo influenzati dai prezzi al rialzo e dalle reazioni degli altri, sviluppando un atteggiamento di consenso e naturalmente rifiutiamo un punto di vista diverso;
- atteggiamenti come difesa dell'Io; questo bisogno nasce perché cerchiamo di creare armonia tra quello in cui crediamo da una parte e quello che diciamo e facciamo dall'altra.

Vediamo come possono concretamente avvenire questi cambiamenti: immaginiamo che in un mercato al rialzo noi compriamo delle azioni con la convinzione di ottenere un guadagno veloce. Le azioni cominciano a scendere; siamo costretti quindi a cambiare atteggiamento e l'obiettivo adesso sarà "un investimento di lungo periodo". Ma le nostre azioni scendono ancora e iniziano ad arrivare brutte notizie. Siamo costretti a cambiare ancora una volta atteggiamento: salteremo gli articoli negativi sui quotidiani, e leggeremo solo quelli positivi per mantenere la nostra decisione. Alla fine chiuderemo la nostra posizione in perdita cambiando ancora una volta il nostro atteggiamento.

Diventiamo vittime del nostro Io inconscio e anche se la teoria ci dice di lasciare correre i profitti e tagliare le perdite, noi chiudiamo le posizioni in utile abbastanza in fretta mentre lasciamo aperte quelle in perdita.

Importanza dei messaggi

Tutto il processo di persuasione si concentra nel trasmettere determinati messaggi, facendoli arrivare alle persone per influenzare la formazione delle loro opinioni. Da chi vengono date le informazioni in essi contenute? I formatori di opinione o *opinion leader* sono persone dotate di un certo prestigio, a cui si riconosce una certa competenza in uno o più settori, nel nostro caso economico/finanziario, all'interno del gruppo di cui fanno parte. Stiamo parlando quindi di gestori, analisti, strategist, economisti e degli esperti che si dicono indipendenti.

Ma nessuno è veramente disinteressato e nessuno ha la sfera di cristallo. Sono queste persone che si espongono di più ai mass media e che funzionano da intermediari o da filtri tra i mass media e i membri del gruppo.

SEGRETO n. 6: non dobbiamo mai dimenticare che la comunicazione di massa è una manifestazione della vita sociale, e di conseguenza uno dei fattori che più influiscono sulla personalità dell'individuo.

Schematicamente il processo di percezione del messaggio si potrebbe rappresentare così:

FONTE ⟶ CANALE ⟶ RICEVENTE

↑

RUMORE

L'alta considerazione che le persone danno al fatto di essere coerenti con le proprie opinioni ci fornisce un'ottima leva per persuaderle a cambiare opinione. La formula è pressappoco così: se volete che qualcuno riveda la sua opinione A, trovate un'altra opinione B e convincetelo che A e B discordano. Dal momento che la tendenza a eliminare le incoerenze lavora in vostro favore, offrite al vostro interlocutore una semplice soluzione del problema che comporta il cambiamento di A.

Se volete persuadere qualcuno mettendo in contrasto le sue opinioni, è necessario che conosciate bene la vostra vittima. E naturalmente, se volete cambiare l'opinione di una persona, per cominciare dovete conoscere come questa opinione si è formata.

Lo studio sperimentale del cambiamento di atteggiamento ha prodotto una massa di dati utili usati da pubblicitari, propagandisti, oratori, giornalisti, mezzi di comunicazione di massa e da chiunque sia interessato a indurre un cambiamento di opinione o di comportamento. Molti studi hanno dimostrato che la credibilità della sorgente di un messaggio può rappresentare un fatto cruciale. Sorgenti di alta credibilità producono più cambiamenti di atteggiamento che non sorgenti di bassa credibilità. La comunicazione persuasiva può essere una scienza, un'arte o tutte e due le cose.

Inoltre, nel momento in cui una serie di messaggi viene trasmessa, bisogna tenere conto di due aspetti: la resistenza alla ricezione dei messaggi e i processi selettivi. Poiché in genere gli individui sono disposti a discutere delle loro esperienze e quindi anche delle comunicazioni cui sono esposti, nell'ambito del gruppo, non c'è da meravigliarsi che si verifichino certe resistenze che possono anche essere assolute nei confronti del messaggio ricevuto, qualora quest'ultimo non si accordi a quelli che sono i valori e le norme accettati all'interno del gruppo (**resistenza ai messaggi**).

Inoltre i contenuti reali della comunicazione vengono percepiti in maniera diversa dai singoli individui. Il materiale che non si adatta alla predisposizione del recettore viene rimodellato per adattarsi non solo alla portata della sua comprensione e memorizzazione, ma anche alle sue esigenze e ai suoi interessi personali (**memorizzazione selettiva del messaggio**).

Purtroppo, a differenza di altri settori, nel campo degli investimenti le persone hanno un gran bisogno di approvazione sociale, di conseguenza risultano essere molto vulnerabili a tecniche di persuasione basate su luoghi comuni. Una delle insidie in cui possiamo imbatterci è che l'abbondanza di informazioni finanziarie ci complica anziché agevolarci le scelte di investimento.

Dobbiamo stare attenti al **rumore**, cioè tutti quei dati o quelle interpretazioni che sono l'opposto della vera informazione: idee non accurate, dati erronei, perturbazioni che confondono in quanto espressioni dell'inefficienza dei mercati che servono esclusivamente a un'attività speculativa.

Dobbiamo cercare di distinguere fra informazione e rumore, prendere le distanze dalle spiegazioni causali e cercare solo le informazioni di valore superiore. Molti dati danno un'illusione di conoscenza ma non aiutano a capire, anzi confondono: in questo modo si rischia di reagire con decisioni superficiali e quindi ad alto rischio.

La finzione speculativa

Il mondo della finzione speculativa è abitato da persone che non devono essere persuase, ma da persone che vogliono un pretesto per credere. L'elemento essenziale per una vera speculazione comincia con la fuga in massa verso la finzione, rassicurando chi cerca di rimanere con i piedi per terra, e ancora esige un certo legame con la realtà. Come? Ricorrendo a un processo di convincimento che si avvale anche di argomentazioni talvolta assolutamente banali sulle questioni economiche e finanziarie. La Figura 2 ci mostra come la speculazione degli anni '20 nella borsa americana inizia a montare raggiungendo livelli sempre più alti.

Figura 2.

In tutto il periodo che precedette il crollo ci furono continue rassicurazioni, anche da parte del presidente dell'epoca Hoover, del presidente della Riserva Federale, di noti economisti come Irving Fisher sullo stato di salute dell'economia e di altri esperti. Probabilmente hanno fatto bene a dire così, perché minimizzare gli allarmi faceva parte dei loro compiti.

Ad ogni segno di cedimento della borsa si affermò: «Non c'è motivo di preoccuparsi. L'alta marea della prosperità continuerà». In simili occasioni non è affatto difficile persuadere la gente che il mercato è solido: essa chiede solo che le inquietanti voci del dubbio siano messe a tacere e che le espressioni di fiducia si rinnovino con una certa frequenza.

Ed ecco subito periodici e quotidiani parlare di spinta ascensionale del mercato con ammirazione e senza allarme. Ma anche dopo che il crollo si verifica, continua l'opera di rassicurazione: «L'attuale recessione, sia per la azioni che per gli affari, non è un preludio a una depressione economica» (1930). E ancora: «Una grave depressione come quella precedente non rientra assolutamente nelle probabilità», «Le prospettive sono favorevoli» (ottobre 1930), «Siamo vicini alla fase declinante della depressione».

Queste sono solo alcune delle frasi più ricorrenti dell'epoca. Qualcuno obietterà che sono fatti accaduti nel passato. Vogliamo parlare del presente? La bolla speculativa legata a Internet e ai titoli tecnologici è un perfetto esempio di pressioni sociali che influenzano i prezzi delle azioni. Le conversazioni in ufficio, i titoli dei giornali, le previsioni degli analisti: sono tutti elementi che hanno influenzato la follia intorno a quei titoli. Gli psicologi chiamano questa tendenza a seguire la massa, ad adattare il proprio pensiero all'opinione prevalente, **istinto gregario**.

L'influenza della psicologia sociale nelle questioni finanziarie è riconosciuta da molto tempo. Nel 1852 il libro Extraordinary Popular Delusions and the Madness of Crowds, di Charles Mackay, identificava un certo numero di bolle speculative in cui gli operatori erano stati indotti in errore dai movimenti al rialzo dei prezzi: come ad esempio la bolla creata in Inghilterra attorno al 1720, sulle azioni della *South Sea Company, la "bolla del Mississippi" che ebbe come epicentro Parigi nello stesso periodo o "la bolla dei tulipani" un secolo prima in Olanda. Ecco un passaggio di quel libro:* «Ci siamo accorti che intere comunità improvvisamente si fissano su una questione e diventano pazze cercando di perseguirla; milioni di persone simultaneamente si lasciano impressionare da un'illusione e la inseguono... Nazioni sobrie sono diventate improvvisamente società di giocatori d'azzardo, disperati, che rischiano la propria esistenza per pezzi di carta... Gli uomini, è stato giustamente affermato, pensano come se fossero un gregge, impazziscono in gregge, ma si riprendono solo singolarmente e molto lentamente».

Riscontrate alcune differenze con il presente? Come appare evidente non esiste differenza tra i fatti accaduti nel passato e quelli più recenti. Tutto ciò accade periodicamente nel corso della storia. Vi è mai capitato di recarvi in una nuova città e di trovarvi a decidere fra due ristoranti che si trovano uno accanto all'altro? Un modo assolutamente razionale per decidere dove andare a mangiare è guardare quale dei due è più affollato, dal momento che vi è una buona probabilità che almeno qualcuno degli avventori abbia già provato entrambi i ristoranti e stia adesso mangiando nel migliore.

Ma se si sceglie il ristorante più affollato, aumenta la probabilità che il prossimo cliente, utilizzando lo stesso ragionamento, entri proprio lì a mangiare, e così via. Alla fine, mangeranno tutti in quello stesso ristorante anche se nell'altro si mangia meglio. Gli economisti definiscono questo meccanismo di scelta **informazione a cascata** e ritengono che ciò accada spesso sui mercati finanziari.

Provate a sovrapporre il grafico del Nasdaq degli ultimi anni con quello del Dow Jones degli anni '20 e cercate di ricordare cosa scrivevano i giornali durante l'ascesa e poi durante il crollo degli anni duemila. Cosa scrivevano alla fine degli anni '90 prima del crollo? «La crescita del prezzo delle azioni ha incoraggiato il lancio di nuove imprese economiche ed è il propulsore per le spese di capitali». E ancora: «Il mercato è diventato una macchina per il moto perpetuo, in cui ogni aumento di prezzo di un'azione genera ulteriori crescite».

Ma una macchina per il moto perpetuo non era la leggendaria società bolla del 1720, la South Sea Company? Il mercato rialzista degli anni '90 fu accompagnato dal ritorno di un'ideologia della nuova era simile a quella degli anni '20. Chiamata "nuovo paradigma", la teoria sosteneva che il controllo dell'inflazione da parte della Federal Reserve, il calo del deficit federale, l'apertura dei mercati globali, la ristrutturazione delle grandi società americane e la diffusione capillare delle tecnologie informatiche per controllare i livelli dei magazzini erano, nel loro insieme, riusciti ad annullare gli effetti del ciclo economico. Era la ripetizione, punto per punto, della filosofia della nuova era dei tempi di Irving Fisher degli anni '20.

SEGRETO n. 7: nel mondo della borsa ogni giorno entrano degli sciocchi, con una sicumera inversamente proporzionale alla competenza.

Sono il "parco buoi", le moltitudini destinate al massacro, ma che ogni volta ci riprovano, mentre sarebbe sufficiente far tesoro di qualche lezione del passato per non ripetere gli stessi errori.

La capacità manipolatoria del capo (o idea-capo)

La folla è un gregge che non può fare a meno di un padrone. La sua volontà costituisce il nucleo attorno al quale si formano e si identificano le opinioni. Quando si tratta di far penetrare lentamente le idee e le credenze nell'animo delle folle, solitamente i capi fanno ricorso alla triade: affermazione, ripetizione, contagio.

Un'affermazione pura e semplice, concisa, senza prove o dimostrazioni, viene ripetuta di continuo e sempre negli stessi termini (possiamo pensare alla pubblicità televisiva o alle continue notizie positive o negative sull'economia che ci sentiamo ripetere quotidianamente). La cosa ripetuta finisce con l'incrostarsi nelle regioni profonde dell'inconscio, in cui si elaborano i moventi delle nostre azioni. Così, dopo qualche tempo, finiamo per crederci. Si forma una corrente di opinione, interviene il contagio e il gioco è fatto.

Il prestigio del capo

Quale può essere la spiegazione psicologica della trasformazione psichica del singolo all'interno della massa? Sostanzialmente si può ricondurre tutto a due fattori: la suggestione reciproca fra i singoli e il prestigio del capo.

Tante volte un professore universitario non dice niente di più valido, né di più profondo di quanto dica un professore di scuola media, ma il professore universitario immette nel mercato delle sue parole il prestigio della sua professione universitaria... e questo alone di prestigio viene apprezzato più del contenuto della sua scienza.

In questo ambiente l'uomo diviene massa nelle mani dell'elite di potere, sotto l'influsso degli strapotenti mezzi di comunicazione, di persuasione e di pressione sociale. Per tale influsso diminuiscono sempre più coloro che esprimono opinioni, mentre aumentano coloro che le ricevono; le comunicazioni sono organizzate in tal modo che l'individuo riceve le opinioni propinate e non può controbattere; l'opinione è manipolata da coloro che dispongono di maggiori mezzi di comunicazione di massa (opinion makers).

Inoltre la massa non ha istituzioni che la proteggano da tale invadenza e le permettano di formarsi proprie opinioni. Questo è pressappoco quello che succede anche in borsa, ci sono i famosi guru che "predicono il mercato" e attraverso i mass media gli investitori vengono “guidati” sui titoli da comprare o vendere. Esiste sempre una specie di relazione tra coloro che fanno da attrattori delle scelte altrui e i seguaci.

È incredibile vedere come in finanza esistono nomi che nessuno oserebbe toccare o contraddire, anche se le loro analisi sono state smentite diverse volte dai fatti, perché il potere della suggestione è altissimo e questo porta ad adeguarsi pedissequamente alle indicazioni degli analisti. Perché succede? Semplice: meglio fare quello che fanno tutti, piuttosto che uscire dal gregge. Un errore commesso con altre persone è più facile da accettare. La condivisione dà sollievo, soprattutto nei casi di insuccesso.

La conseguenza è un comportamento irrazionale, ma logico: quando le quotazioni sono al massimo, l’investitore è sotto l’effetto di una massa di notizie positive che non gli fanno dubitare della continuazione del trend, quindi compra a prezzi alti; viceversa, quando il mercato è sui minimi, vende.

Ma anche i guru delle finanza, similmente ai prodotti o alle imprese, seguono il “ciclo temporale di efficacia e successo”. In genere essi diventano meno efficaci quando sono ormai al massimo della loro notorietà, sia per il desiderio del pubblico di figure carismatiche e sia per il bisogno dei media di razionalizzare il movimento dei prezzi, per cui naturalmente fanno notizia anche quando sbagliano e accelerano così la loro discesa.

Infine, uno dei fenomeni interessanti che possono verificarsi all'interno di un gruppo è la creazione del cosiddetto **capro espiatorio** (in questo caso l'ex guru o analista) che viene caricato di valenze negative (gli si attribuiscono cioè difetti e colpe).

Persuasione e mass media

La conoscenza della struttura e del funzionamento persuasorio costituisce la base per la comprensione di determinati fatti. Per persuasione s'intende il tentativo deliberato di influenzare opinioni, convinzioni, atteggiamenti, comportamenti di altre persone in vista del conseguimento di scopi predeterminati. Tale tentativo si basa sul ricorso a elementi che operano a livello cognitivo e a livello emozionale, talvolta facendo leva soprattutto sulle pieghe più riposte della personalità degli individui che si vogliono persuadere.

In questa maniera, tramite mezze verità e deliberate omissioni, si può arrivare fino all'inganno. Come si perviene alla persuasione? Attraverso i mezzi di comunicazione di massa come i giornali e la televisione.

La televisione, in particolare, con la sua capacità manipolatoria riesce a conquistare il grande pubblico con effetti negativi. Infatti, diverse teorie sugli effetti che i media producono accusano questi ultimi di massificare, unificare, livellare i gusti e le idee creando nel pubblico una predisposizione alla passività e alla manipolazione, invece che educare, cioè produrre un atteggiamento mentale informato.

In tale contesto nasce **Internet** (tramite questa rete ogni "cittadino del mondo" può in ogni momento ricevere e pubblicare informazioni) e sorge in molti la speranza che la madre di tutte le reti possa contribuire a facilitare la risoluzione, in senso democratico, di molti problemi della civiltà umana, e sia capace di opporsi e sconfiggere l'attuale gestione feudale dell'informazione rappresentata dal controllo dei mass media da parte di pochi e potenti gruppi economici. Ma con tutta probabilità, il controllo resterà nelle mani di chi gestisce o gestirà la televisione. L'appartenenza a una massa non esclude la possibilità di far parte anche di altre; ciò che caratterizza l'appartenenza a una massa è la presenza di elementi condivisi da tutti i componenti, una forma comune di ideale e insieme di regressione, nonché la devozione quasi cieca nei confronti di un leader o presunto tale.

I mass media, immessi in un circuito commerciale, sono sottomessi alla legge della domanda e dell'offerta. Quindi danno al pubblico solo ciò che esso vuole o peggio, seguendo le leggi di un'economia fondata sul consumo, suggeriscono al pubblico cosa deve pensare e desiderare. Di fronte a tutto questo dobbiamo cercare di restare indipendenti, liberi, sufficientemente lucidi e, se occorre, criticare e opporre resistenza. Siamo in guerra e i mass media sono l'occupante.

SEGRETO n. 8: diversi esperimenti hanno dimostrato che le persone modificano la propria decisione in base a come la stessa informazione viene presentata.

I fattori comportamentali e psicologici hanno un ruolo maggiore nelle decisioni di investimento di quanto ne abbia un'analisi obiettiva dell'informazione. Solo così si possono spiegare alcuni movimenti del mercato che, apparentemente, non hanno nessuna spiegazione logica. Qualcuno si chiederà il perché di tutta questa necessità di indirizzare la massa verso l'una o l'altra direzione.

Il motivo è che il pesce grande mangia il pesce piccolo. Mi spiego meglio: per ogni persona che compra c'è un'altra che vende, ma se chi deve vendere è un pesce molto grande ha bisogno di tanti pesci piccoli che comprano. Se il venditore è dieci volte più grande del compratore significa che il 90% degli investitori deve essere convinto che il trend è rialzista e solo allora comprerà. Questo movimento chiamato **processo di distribuzione** richiede, a volte, parecchio tempo e in alcuni casi può durare anche anni. Più a lungo questa fase si protrae e maggiore importanza avrà la successiva inversione di tendenza.

Questi fenomeni possiamo vederli in azione proprio sul nostro indice di borsa. La Figura 3 ci mostra il processo di distribuzione dopo il lungo rialzo degli anni precedenti. Processo di distribuzione durato per più di un anno, dove la gran massa degli investitori era convinta che, com'era precedentemente accaduto, ogni ribasso era un'occasione d'acquisto.

Figura 3.

Esattamente il contrario avviene nell'altro movimento chiamato di **accumulazione**.

La Figura 4 infatti ci mostra il caso dell'accumulazione durato per circa due anni che ha posto la base per il grande *bull market* di fine secolo.

Figura 4.

Successivamente vedremo come i volumi e il tempo ci possono aiutare a riconoscere queste fasi di mercato.

SEGRETO n. 9: se associamo la borsa a una piramide possiamo dire che la ricchezza viene continuamente trasferita dalla base al vertice, cioè dalla massa a una piccola elite, passando attraverso gli intermediari finanziari e i market maker.

Se leggi i giornali e guardi la televisione o Internet per formarti un'opinione, cioè ti conformi all'opinione prevalente, con molta probabilità perderai i tuoi soldi. A vincere sono quelli che non si conformano all'opinione prevalente.

RIEPILOGO DEL CAPITOLO 2:

- SEGRETO n. 5: Gli argomenti che le folle accolgono e impiegano appaiono, dal punto di vista logico, di un ordine talmente inferiore che soltanto per analogia possono essere definiti ragionamenti.
- SEGRETO n. 6: Non dobbiamo mai dimenticare che la comunicazione di massa è una manifestazione della vita sociale, e di conseguenza uno dei fattori che più influiscono sulla personalità dell'individuo.
- SEGRETO n. 7: Nel mondo della borsa ogni giorno entrano degli sciocchi, con una sicumera inversamente proporzionale alla competenza.
- SEGRETO n. 8: Diversi esperimenti hanno dimostrato che le persone modificano la propria decisione in base a come la stessa informazione viene presentata.
- SEGRETO n. 9: se associamo la borsa a una piramide possiamo dire che la ricchezza viene continuamente trasferita dalla base al vertice, cioè dalla massa a una piccola elite, passando attraverso gli intermediari finanziari e i market maker.

CAPITOLO 3:
Come riconoscere gli errori e imparare a evitarli

La razionalità individuale e l'irrazionalità collettiva

In questo capitolo cercheremo di capire perché, nonostante la razionalità del comportamento individuale, scaturiscano degli esiti collettivi del tutto indesiderati.

Immaginiamo una sala cinematografica affollata in cui suoni improvvisamente l'allarme antincendio. L'allarme scatena negli spettatori un senso di panico, tutti hanno paura di restare intrappolati tra le fiamme senza una via di scampo. Gran parte delle persone comincerà a correre verso le uscite esistenti ammassandovisi di fronte, spingendosi a vicenda e finendo per rallentare e rendere più difficoltoso il deflusso di tutto il pubblico dalla sala.

E ciò malgrado tutti gli spettatori siano consapevoli del fatto che, in situazioni simili, se ognuno mantenesse la calma e procedesse verso le uscite senza spingere, sarebbe possibile un più agevole deflusso delle uscite e un numero più elevato di persone potrebbe porsi in salvo. Questi comportamenti sono reazioni dettate dalla paura per cui, quando gli individui si confrontano con questo tipo di situazioni, agiscono sempre in modo irrazionale.

SEGRETO n. 10: l'aggregazione di comportamenti individualmente razionali può dare origine a fenomeni collettivi indesiderati.

Trovate qualche analogia con quello che succede durante le crisi finanziarie? Parliamo del panico finanziario ricorrendo alla cosiddetta "profezia che si autoadempie" (Robert K. Merton, 1936): «Un classico esempio di effetto amplificato è quello del panico finanziario che si è determinato al momento della grande crisi degli anni '30: si diffonde la voce di una possibile insolvenza delle banche. Ogni cliente si presenta quindi allo sportello per ritirare i suoi averi prima che la banca si dichiari fallita. L'aggregazione di queste azioni individuali mette realmente la banca in condizioni di insolvibilità».

In base a meccanismi esplicativi simili, diviene possibile leggere molti celebri episodi non solo di crisi, ma anche di euforia finanziaria più recenti. Con il grande boom che la borsa consegue nel periodo 1985-1986, come nel successivo periodo 1999-2000, una vera e propria frenesia raggiunge anche i percettori di bassi redditi.

L'illusione di poter diventare ricchi nel giro di qualche settimana spinge anche coloro che non hanno idea di cosa sia la borsa a tentare la grande avventura. Naturalmente in tutto ciò la logica dell'investimento azionario non c'entra. Si compra solo perché si pensa che le quotazioni salgano, indipendentemente dalla bontà delle aziende.

È solo speculazione, che continuamente si autoalimenta in una spirale perversa che, spingendo in alto i prezzi, trova nuovi ingenui pronti a donare la linfa necessaria a raggiungere alti e più assurdi livelli, in una ubriacatura generale fino ad arrivare all'inevitabile crollo finale, e allora le grosse perdite subite da molti rendono evidenti i loro comportamenti irrazionali.

La conoscenza: partire con il piede giusto

Gann sostiene che l'unico sistema per ottenere profitti in borsa è la "conoscenza". Questo comporta un duro lavoro, spendere molto tempo nello studio e successivamente mettere in pratica tutto ciò che si è faticosamente appreso.

SEGRETO n. 11: non esiste un metodo facile e veloce per vincere in borsa.

Invece, quello che facciamo è che nel giro di poco tempo, magari con qualche operazione andata a buon fine, cominciamo a sentirci esperti e sicuri (l'illusione del controllo).

In pochi altri campi il dilettante, dopo un breve periodo di apprendistato, diventa professionista. Naturalmente questo si paga, ed ecco perché le statistiche affermano che dopo un anno il 90% dei traders è fuori del mercato.

E ancora, Jesse Livermore, uno dei più grandi speculatori mai esistiti, afferma che i maggiori nemici di un investitore sono l'ignoranza, l'avidità, la paura e la speranza.

La maggior parte delle operazioni che la gente compie in borsa e le loro reazioni dipendono prevalentemente dallo stato d'animo dell'investitore, inoltre il ragionamento che fa una persona che sta in guadagno è diverso da quello di chi è in perdita.

Vediamo gli stati d'animo che un investitore può attraversare durante un'operazione di trading. Anzitutto molto dipende dal momento di entrata e dalla successiva direzione del mercato. Nel caso di un investitore in guadagno, egli tenderà ad avere **eccessiva sicurezza**, **illusione del controllo** e **troppo ottimismo**. Se invece l'investitore è in perdita gli stati d'animo sono **insicurezza**, **eccessivi timori** e **paura** di fare altre operazioni in perdita, o nel caso l'investitore sia un narcisista egli si fisserà sulla **ricerca della rivincita**.

In entrambi i casi tutti questi problemi inconsci possono essere alla base di scelte di investimento sbagliate. Inoltre la disponibilità di masse di dati in tempo reale crea, spesso, oltre che **impazienza**, anche la falsa impressione di poter comprendere le variazioni di breve termine; ne deriva quindi incapacità di staccarsi dal flusso delle contrattazioni e, come conseguenza, si avrà la riduzione dell'orizzonte temporale dell'investimento e la tendenza a reagire impulsivamente alle notizie.

Per superare questo sarebbe quindi opportuno, come consigliano alcuni, prendere le decisioni più importanti a mercati chiusi, magari scrivendo il piano d'azione e seguendolo rigidamente evitando così, come precedentemente accennato, di selezionare le informazioni favorevoli al proprio investimento o, per l'ansia di perdere il treno, di entrare in un'operazione a prezzi troppo alti.

Eviteremo inoltre, una volta venuti a conoscenza della realtà, di alterare il ricordo di quello che pensavamo, dicendo «Lo sapevo fin dall'inizio». Una volta entrati in un'operazione, se si va subito in guadagno, dobbiamo stare attenti a non farci prendere dalla paura del rimpianto e dal tempismo nel tagliare i profitti.

SEGRETO n. 12: la speranza o la paura non devono essere mai le sole giustificazioni che ci fanno decidere sul da farsi.

Ancora una volta le decisioni di investimento dovrebbero essere razionali ma sono spesso guidate da altre motivazioni. Una conferma di questa teoria si ha valutando la percezione emotiva, cioè il comportamento, del risparmiatore al variare dei cicli di borsa.

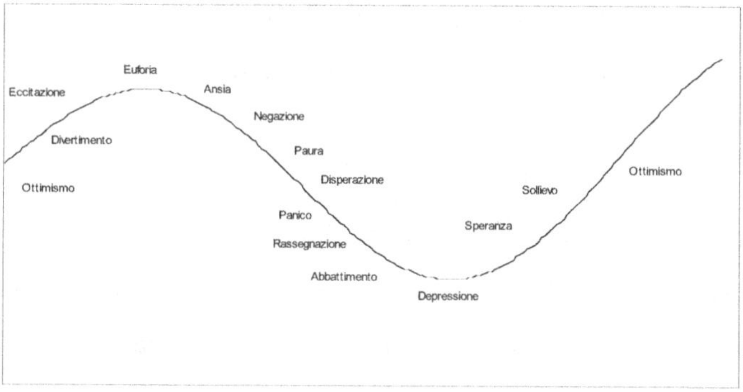

Figura 5.

In Figura 5 sono rappresentati i diversi stati d'animo del risparmiatore rispetto al ciclo del mercato. In genere le emozioni si muovono a livelli intermedi e non influenzano più di tanto l'andamento dei mercati. In prossimità degli estremi, il discorso cambia; livelli eccezionalmente elevati di ottimismo o pessimismo, di panico o euforia, rivelano mercati dove il contagio delle emozioni la fa da padrone e i comportamenti gregari sono all'ordine del giorno.

Agli estremi la massa degli investitori è sistematicamente in errore. Infatti, quando i mercati sono ormai da tempo nel territorio del toro, dominano i seguenti sentimenti: ottimismo, divertimento, eccitazione. Quando il listino raggiunge il suo apice – nel punto di massimo rischio finanziario – è l'euforia a dominare i comportamenti.

A quel punto inizia il ciclo di contrazione. Nelle settimane successive ai primi sentimenti di ansia subentra la negazione. Il risparmiatore è convinto si tratti solo di una crisi temporanea e si sente al sicuro per aver effettuato un investimento di lungo periodo. La posizione è corretta, anzi ineccepibile.

Purtroppo però dura poco. Arriva il momento in cui i timori si fanno paura e poi all'improvviso degenerano in panico. A quel punto non c'è più spazio né per calcoli né per analisi e ogni strategia viene gettata alle ortiche. Pare non resti che scappare. La paura prende il posto della razionalità e si scivola nella rassegnazione e nell'abbattimento, nella convinzione che i mercati finanziari siano ormai da evitare a tutti i costi e siano senza futuro.

Scrive Matteo Motterlini, docente di economia cognitiva, in un articolo del *Corriere Economia*: «Il panico è un'emozione reattiva caratterizzata dall'urgenza di agire istantaneamente. Il panico trasforma facilmente un risparmiatore con un orizzonte d'investimento di dieci anni in uno con un orizzonte di dieci minuti».

Nel panico gli investitori si lasciano travolgere dal pericolo incombente. La sconvolgente impressione delle borse in caduta libera annebbia fino a far svanire ogni altro possibile punto di vista: i "dieci minuti" del crollo diventano tutto ciò che conta, un'eternità.

Questo in genere avviene nel punto di minimo, ovvero là dove ci sono le migliori opportunità di investimento. Quando lentamente la depressione lascia il posto alla speranza, al sollievo e, infine, all'ottimismo, i mercati sono ormai in ripresa da tempo e il risparmiatore si è lasciato alle spalle una fetta considerevole di possibili guadagni.

In conclusione, è opportuno muoversi con la folla finché gli indicatori di *sentiment* raggiungono livelli estremi e iniziano a invertire direzione. È solo a quel punto che è redditizio assumere un atteggiamento contrario.

SEGRETO n. 13: l'investitore vede il mercato come avversario da battere, mentre il nemico è interno. La sfida non è contro il mercato, ma contro se stesso.

Detto questo, passando dalla psicologia della massa a quella del singolo, bisognerebbe analizzare tutti i risvolti psicologici relativi all'eccessiva sicurezza, all'illusione del controllo, alla paura, alla speranza, all'avidità, all'ego ecc.

Alcuni sono di facile intuizione e mi sembra superfluo aggiungere altro; ritengo necessario invece qualche ulteriore approfondimento sui seguenti temi:

- la dissonanza cognitiva;
- la paura del rimpianto;
- l'ancoraggio.

Dissonanza cognitiva

L'uomo tende in generale a essere coerente con se stesso nel modo di pensare e di agire; quando questa coerenza manca, si crea uno stato di disagio che l'attività mentale cerca di eliminare, o almeno di ridurre, con varie forme di ristrutturazione cognitiva. La presenza di valutazioni miste, in pratica la presenza simultanea di valutazioni positive e negative, può portare il soggetto a uno stato di dissonanza interna chiamata dissonanza cognitiva.

La dissonanza cognitiva è proprio lo stato mentale che avviene ogni qualvolta una persona prova pulsioni tra loro contrastanti o emozioni di opposta natura.

L'aspetto centrale studiato nelle ricerche sulla dissonanza cognitiva ha cercato di capire come le persone trattano i pensieri e le informazioni collegate alle decisioni comportamentali, cioè come le persone trattano pensieri e informazioni che mettono in evidenza una loro decisione errata. Ogni persona ha la necessità di possedere un equilibrio psicologico, anche in relazione alle valutazioni dei suoi investimenti.

Nella scelta di un investimento, la dissonanza cognitiva si presenta quando l'operazione che si vuole intraprendere va in direzione opposta alle aspettative del gruppo di riferimento e mettersi contro le scelte più diffuse è certo un compito non facile.

La conseguenza di questo conflitto mentale è che si cerca di sminuire un evento o una notizia quando risulta in contraddizione con il nostro investimento, cercando di sostenere le nostre idee preconcette anche con delle argomentazioni bizzarre. Analogamente, se un'operazione intrapresa non va nella direzione sperata, evitiamo le notizie negative e selezioniamo le informazioni che confermano le nostre scelte; in altre parole, diventiamo ricettivi solo nei confronti delle notizie che confermano il nostro investimento.

La realtà viene filtrata e ricostruita nel tentativo di ridarle un senso. È meno facile negare un'azione precedente che trovarle giustificazioni, e ancora gli atteggiamenti saranno mantenuti con più forza se associati con impegni più intensi. Questo comportamento applicato alla massa crea, ad esempio, un trend finanziario al rialzo che a volte può durare anche anni, perché tutti gli investitori deliberatamente non si curano delle notizie negative.

Un gruppo mantiene uno stato di dissonanza cognitiva fino a quando il dolore non supera le gratificazioni. Nei termini del mercato azionario questo può essere considerato il momento in cui la paura di perdita supera l'avidità del guadagno. Dovremmo, invece, dare il giusto peso alle informazioni dei mercati finanziari e ammettere che le nostre supposizioni, a volte, sono sbagliate, in modo da evitare la dissonanza.

Analogamente **l'errore di conferma** si configura come un'istintiva modalità di attaccamento alle nostre preferenze. Si tratta della tendenza, nelle condizioni di incertezza tipiche di una decisione d'investimento, a elaborare una qualche interpretazione sulla base di iniziali impressioni, che poi andiamo a rafforzare attraverso una lettura selettiva e distorta dei dati della realtà.

Paura del rimpianto

Paura significa conflitto interiore che può assumere diverse sfaccettature. Quando le azioni acquistate scendono di valore, normalmente evitiamo di calcolare la perdita e posticipiamo la vendita nella speranza che il mercato ci dia ragione. Chiudere la posizione significherebbe infatti finalizzare l'errore, ma noi vogliamo che la paura del rimpianto sia rinviata. Al contrario, i titoli vincenti vengono venduti subito per paura che perdano di valore.

In pratica vengono tagliati i profitti e lasciate correre le perdite. Ma come si arriva a perdite anche ingenti? Il problema è sempre lo stesso: ci deve essere armonia tra il modo di pensare e di agire, cioè tra il detto e il fatto. Bisogna evitare, inoltre, di modificare l'obiettivo della propria operazione, cioè di cambiare atteggiamento.

Un piccolo investitore intraprende un'operazione a breve termine che va subito in perdita; per mantenere l'armonia interna cambia atteggiamento e trasforma l'operazione in un investimento a lungo termine. Successivamente, a causa delle brutte notizie, è costretto a cambiare nuovamente atteggiamento e userà i meccanismi di difesa, come la percezione selettiva, cioè comincerà a selezionare solamente le notizie positive nel tentativo di mantenere la propria decisione d'investimento. Inutile ricordare che si deciderà a vendere, ammettendo il proprio errore, quando sarà troppo tardi.

Esiste anche un altro tipo di paura molto insidiosa che si manifesta dopo una forte crescita dei prezzi, quella di "rimanere tagliato fuori da straordinarie occasioni di profitto"; così, frustrati e irritati, si rischia di entrare nel mercato al momento sbagliato. Il suggerimento? Una delle cose più difficili da fare è stare fuori dal mercato e aspettare un'altra occasione senza farsi prendere dall'impazienza; non è necessario stare a tutti i costi nel mercato. L'investitore saggio non si lascia suggestionare dalle contingenze avendo un preciso criterio di ingresso/uscita dal mercato.

Il problema è anche che i *futures* e le *options* danno la possibilità di moltiplicare i guadagni e quindi aumenta l'euforia, producendo senso di benessere e di invincibilità. Gann e molti altri dopo di lui hanno studiato la storia di grandi operatori finanziari caduti in rovina. La sentenza è inappellabile: rovina da overtrading (attività eccedente le proprie possibilità finanziarie).

Se la storia si ripete, è a causa della debolezza della natura umana. Ogni trader sa che la sua maggiore debolezza consiste nel fare overtrading, tuttavia continua a permettere che sia proprio questa debolezza a rovinarlo. Il rimedio si chiama **ordine di stop loss**.

Bisognerebbe, forse, prima apprendere la gestione delle perdite e poi quella dei profitti; questo perché la paura di fallire è connessa al timore di compromettere la propria immagine. Quando si opera con del capitale insufficiente, il timore della perdita può diventare ossessivo, perché perdere equivale a uscire dal gioco. Analogamente succede quando si opera con dei soldi che non possono essere persi perché già impegnati.

Un ulteriore paura di consiste nel rinunciare a degli utili o a degli ulteriori utili; se poi all'avidità si associa l'euforia si crea la bolla speculativa.

L'avidità viene spesso usata "scientificamente" come leva per attrarre gli investitori, allettandoli con la prospettiva di favolosi rendimenti. Si mettono così in moto, negli individui, quegli stessi meccanismi che spingono i polli a giocare al SuperEnalotto o giochi simili con la promessa di una potenziale vincita da record.

Ancoraggio

Per comprendere come l'errore mentale dell'ancoraggio, estremamente pericoloso, sia più diffuso di quanto si possa pensare, si può ricorrere all'esempio delle trattative commerciali. Il venditore comincia a offrire il proprio prodotto a un prezzo piuttosto alto in modo che il potenziale cliente, "ancorato" a quel determinato prezzo, riterrà che gli venga offerto un affare particolarmente vantaggioso quando il prezzo, gradatamente, viene ribassato durante la trattativa.

Così gli investitori mentalmente ancorati agli alti prezzi iniziali saranno spinti ad acquistare, in caso di ribasso, senza valutare adeguatamente la situazione. Basta ricordare una frase ricorrente che ci viene consigliata nei periodi di ribasso: «Comprate sulla debolezza».

La nostra mente è ancorata sul prezzo massimo raggiunto da quel titolo e un ribasso del 50% ci sembra un'ottima occasione d'acquisto, tuttavia non è un'eccezione vedere titoli che perdono anche un 90%. Di conseguenza, questo potrebbe avere effetti devastanti sul nostro patrimonio. Su questo punto Gann dedica cinque delle ventiquattro regole infallibili per avere successo sul mercato azionario, dove sostanzialmente afferma che piramidale al ribasso è il più grosso errore che si possa commettere.

Non si può comprare un titolo solo nella speranza che salga, bisogna avere degli elementi che facciano effettivamente prevedere un rialzo. Per non incorrere in questo errore basterebbe uscire subito dopo aver capito di essere entrati nel momento sbagliato.

Quant'è rischioso l'eccesso di fiducia in sé

Dobbiamo anzitutto dire che i nostri processi decisionali in condizioni di incertezza sono popolati da sistematici errori. Spesso, dunque, sbagliamo. Questo accade perché le nostre informazioni sono incomplete e la nostra razionalità è influenzata dalle emozioni.

Ci sono degli errori in cui gli investitori finiscono per essere indotti a causa di un sistematico eccesso di fiducia:

- una volta che una scelta d'investimento è fatta, l'eccesso di fiducia nella sua correttezza spinge a ignorare quelle informazioni negative che dovrebbero fungere da segnali d'allarme;
- l'eccesso di fiducia porta all'overtrading, cioè a un attivismo esagerato. Ci si sente in possesso di conoscenze precise e

privilegiate che sembrano continuamente promettere nuove opportunità di guadagno. Si tratta, però, di un'illusione;

- si trascurano le risultanze del passato e si tende a sottostimare i rischi presenti nei mercati.

L'eccesso di fiducia, dunque, è un grave errore da cui dobbiamo imparare a guardarci, esercitando assiduamente le nostre capacità critiche e autocritiche.

RIEPILOGO DEL CAPITOLO 3:

- SEGRETO n. 10: L'aggregazione di comportamenti individualmente razionali può dare origine a fenomeni collettivi indesiderati.
- SEGRETO n. 11: Non esiste un metodo facile e veloce per vincere in borsa.
- SEGRETO n. 12: La speranza o la paura non devono essere mai le sole giustificazioni che ci fanno decidere sul da farsi.
- SEGRETO n. 13: L'investitore vede il mercato come avversario da battere, mentre il nemico è interno. La sfida non è contro il mercato, ma contro se stesso.

CAPITOLO 4:

Come agisce la speculazione. I volumi

In ogni intero ciclo di mercato le emozioni degli investitori passano da un totale pessimismo o anche panico, in corrispondenza dei minimi, a un eccesso di fiducia, ottimismo e avidità nei massimi.

Presupponendo, con un certo grado di attendibilità, che questi comportamenti si ripetano in maniera simile ad ogni nuovo ciclo, risulta fondamentale confrontare l'aspetto emotivo del mercato con le analoghe fasi dei precedenti cicli. Quali sono i principali aspetti della psicologia del mercato? Come hanno già evidenziato altri studiosi di borsa, le grandezze più importanti sono quattro e precisamente:

- il prezzo inteso come livello di entusiasmo;
- il volume;
- l'ampiezza intesa come partecipazione;
- il tempo, cioè la durata.

Prezzo

Un'informazione piuttosto grezza circa le caratteristiche evolutive di un movimento di mercato può derivare dall'osservazione dell'andamento di un oscillatore inteso come grandezza risultante da elaborazioni finalizzate a evidenziare le più significative variazioni espresse dalla progressione dei dati borsistici.

In particolare, lo studio di un mercato attraverso l'analisi dello sviluppo di un oscillatore, variamente determinato, ma in ogni caso fluttuante intorno a un asse di equilibrio, è generalmente diretto a:

- spiegare il saggio di variazione di una serie storica di dati;
- individuare zone di variazione storicamente giudicate significative;
- rilevare eventuali discordanze con i movimenti di mercato.

Ad esempio, l'indicatore di Momentum è volto essenzialmente a misurare il saggio di variazione positivo o negativo di una serie storica di valori e rappresenta inoltre il primo passo per arrivare a una plausibile stima della velocità e dell'accelerazione di un movimento di mercato. Operando per tentativi dovrebbe risultare possibile individuare il dominio ottimo del Momentum, ovvero l'intervallo che consente di cogliere prontamente gli stati di rafforzamento e indebolimento di fasi espansive e recessive. Il Momentum è un indicatore che misura la **velocità di cambiamento dei prezzi**, prende cioè in esame la differenza tra il prezzo corrente e il prezzo di un numero N di periodi. A titolo di esempio la Figura 6 ci mostra l'indicatore di Momentum e l'indice Comit. Non esiste un livello assoluto per indicare un picco di speculazione, tuttavia come accennato prima si possono individuare sia zone di variazioni estreme sia divergenze con l'indice sottostante.

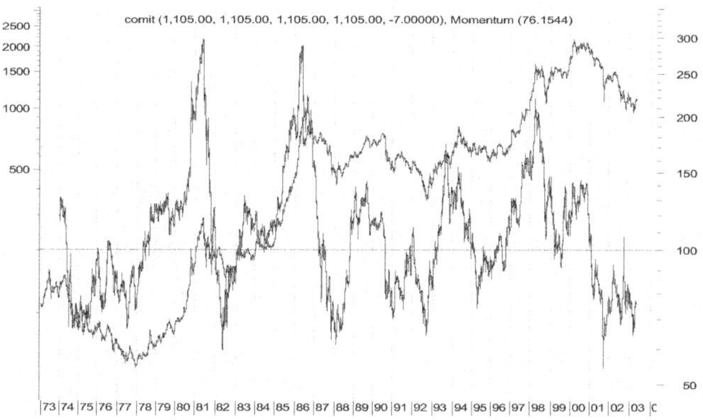

Figura 6.

Volumi

La regola più conosciuta ma anche meno seguita è il principio di Dow, secondo cui il volume deve confermare un trend. Molti analisti non tengono in dovuta considerazione l'importanza dei volumi, invece il suo studio risulta vantaggioso in quanto, assai di frequente, il suo andamento anticipa quello del prezzo. Anzitutto, per determinare se il volume degli scambi sia elevato o ridotto, deve essere operato un confronto tra quello attuale e quello delle precedenti fasi di mercato. In altre parole mettiamo a confronto il Roc del volume con quello dei prezzi.

Roc = (prezzo di chiusura di oggi – prezzo di chiusura di N periodi fa) / prezzo di chiusura di N periodi fa.

Naturalmente, variando la serie temporale dell'indicatore, si avranno indicazioni sulle tendenze primarie, intermedie o di breve periodo. Un'alternativa potrebbe essere rappresentata da un oscillatore basato sul rapporto tra il volume e la sua media mobile o sul rapporto tra le medie mobili del volume. Inoltre il volume ci può essere utile a determinare se sta avvenendo una distribuzione o un'accumulazione. Come?

Un modo ingegnoso è seguire un indicatore chiamato **upside/downside volume**, che separa il volume delle azioni in rialzo da quello delle azioni a ribasso. Questo indicatore va in genere associato all'**advance/decline line**, che misura l'ampiezza del mercato, cioè il totale cumulato delle differenze tra i titoli in rialzo e quelli al ribasso.

Accennavo prima a come il volume degli scambi ci indica quante persone detengono quel titolo a un determinato prezzo. Anche senza mostrarvi dei grafici, è chiaro che in un trend al rialzo o al ribasso dobbiamo stare attenti ai volumi di scambio ad ogni livello di resistenza e supporto e, cosa ancora più importante, al cambio di velocità di salita o discesa dello stesso trend, mettendo tale velocità a confronto con i volumi stessi. All'inizio la velocità è costante e i volumi sono bassi. Chi compra? Gli investitori istituzionali.

L'ottimismo dilaga, il mercato cambia velocità e i volumi aumentano. Questo perché a un certo livello subentra la "corsa al treno", il parco buoi entra in massa strappandosi i titoli dalle mani: mi sembra inutile continuare, sappiamo come va a finire.

Studiare quindi i volumi degli scambi in relazione agli intervalli di tempo, anche settimanali e mensili, serve, insieme a tutte le altre regole, per valutare la posizione del mercato e cioè le formazioni, i livelli di resistenza e il tempo.

SEGRETO n. 14: qualunque cosa facciano i prezzi, i volumi devono essere coerenti, altrimenti si rischia di cadere in qualche trappola.

Ripeto: qualunque cosa facciano i prezzi, se i volumi non sono coerenti, il *pattern* è fasullo. Controllate i volumi ad ogni minimo o massimo di borsa. Se ad esempio i volumi calano a livelli minimi, mentre i prezzi scendono, possibilmente anche sotto il precedente minimo, questa è la prova che tutti hanno già venduto i propri titoli: i prezzi possono andare solo su. Altrimenti aspettate che il mercato faccia un altro minimo. Chi ha fretta dimostra di non sapere convivere con l'incertezza che è insita nei mercati azionari e forse dovrebbe smettere se non vuole continuare a regalare i propri soldi ad altri che sfruttano le nostre paure e la nostra impazienza. Il mercato ha i suoi tempi e ci si deve adeguare.

Doppio massimo e doppio minimo, motivazioni psicologiche

Nell'affrontare l'argomento sui volumi occorre fare una precisazione importante: le considerazioni fatte dal punto di vista psicologico sui volumi valgono nel breve/medio periodo e sempre meno con il trascorrere del tempo. Questo per il semplice fatto che, ad esempio, dopo cinque anni i titoli saranno passati più volte da un portafoglio all'altro.

SEGRETO n. 15: i volumi sono fondamentali perché ci dicono, per ogni livello di prezzo, quante persone si sono scambiate quelle azioni e di conseguenza quante persone detengono quei titoli in portafoglio.

Vi sembra un'informazione da poco? Direi assolutamente di no. Vediamo il perché. Faccio un esempio: io, investitore, acquisto un titolo a 10 euro che immediatamente inizia a scendere, rimango deluso e, cambiando il mio atteggiamento, dimentico il guadagno che volevo ottenere e cerco di non perdere, cioè cercherò di uscire alla pari. Se a 10 euro il titolo è stato comprato da tante persone (leggasi volumi elevati) quando il titolo ritornerà a 10 euro scatteranno le vendite, e si formerà così un doppio massimo.

Diversamente se a 10 euro hanno comprato poche persone e dopo una flessione il prezzo ritorna su quei livelli, posso stare relativamente tranquillo in quanto non scatterà nessuna vendita. Nella Figura 7 possiamo osservare il comportamento appena descritto. In prossimità del primo massimo i volumi, cioè le persone che comprano, sono altissimi, subito dopo il mercato inizia a scendere; gli investitori, adesso in perdita, aspettano solo di rivedere i prezzi di acquisto per disfarsi dei titoli, cosa che avviene qualche mese dopo provocando un'ondata di vendite e, di conseguenza, un doppio massimo.

Figura 7.

La Figura 8, invece, ci mostra il caso in cui a un massimo si associano volumi medi; di conseguenza, quando l'indice dopo la correzione risale e supera il massimo precedente dove poche persone avevano comprato, la successiva pressione delle vendite viene assorbita dagli altri acquisti.

Figura 8.

Qualcuno si chiederà: e il **doppio minimo**? Inversamente rispetto al doppio massimo, coloro che vendono sul primo minimo, a prezzi stracciati, provengono da una lunga attesa di un ritorno sui prezzi di acquisto; dei forti volumi su quel minimo indicano la pressione dei venditori e, dopo un rimbalzo, il titolo torna nuovamente sui minimi ma questa volta il prezzo tiene per il semplice fatto che non ci sono più venditori. A questo si aggiunge il nostro "desiderio di essere nel giusto" che può portarci ad acquistare al livello in cui non avevamo comprato precedentemente.

Comunque la cosa importante da sottolineare è che, quando i volumi sono elevati e il mercato è in mano alla massa, non bisogna mettersi contro la psicologia del mercato dominante, cercando dei segnali da qualche indicatore o dall'analisi tecnica in generale, che in questi casi funziona meno del normale. Infine un ultimo esempio di utilizzazione dei volumi.

Prendiamo un titolo qualsiasi e intorno ai 10 euro ne compriamo mille pezzi, successivamente il titolo inizia a scendere fino a 5 euro. Cosa faccio? Medio al ribasso "naturalmente" e ne compro altri mille, totale duemila pezzi a 7,5. Il titolo inizia a salire, arriva a 7,5 euro e io, che sono tornato in pareggio, non credo ai miei occhi e vendo.

Adesso, se a 10 euro i volumi sono elevati, molte persone faranno lo stesso mio ragionamento e di conseguenza faranno media al ribasso. Allora intorno al rintracciamento del 50% devo, con molta probabilità, presumere che il titolo arresterà la sua salita. Sarà un caso che il rintracciamento del 50% è uno dei più significativi? Allora il 33% e il 66%? Provate a rifare il ragionamento e arriverete anche a queste percentuali.

Ampiezza

Come si sviluppa una generalizzata fiducia sul mercato azionario? Semplice: tutti devono in qualche modo guadagnare, in modo da formare una spirale che autoalimentandosi crei una crescita di fiducia fino a sfociare in un eccesso di ottimismo: per guadagnare tutti occorre che la maggior parte dei titoli presenti sul listino salga. Questo si può visivamente osservare attraverso un indice che è l'**A/D line** che, messo a confronto con l'indice di borsa, ci segnala il grado di partecipazione dei titoli in quella determinata fase di rialzo o di ribasso. In pratica A/D = numero dei titoli al rialzo – numero dei titoli al ribasso. Questo indice ha la propensione a invertire la tendenza prima dell'indice azionario.

Un altro indicatore che possiamo costruirci è dato dal numero dei titoli che raggiungono nuovi massimi o minimi per esempio negli ultimi novanta giorni. Questo ci indica la forza di un mercato in un movimento rialzista o ribassista. Infine possiamo realizzare un ulteriore indicatore che ci segnala ad esempio la percentuale di azioni che si trovano sopra la loro media a sessanta o a duecento giorni. Sono tutti strumenti che ci possono confermare o dare un segnale di pericolo sulla tendenza del mercato.

Tempo

Il tempo è un aspetto che nell'analisi di un mercato non deve mai essere trascurato, perché, come accennato all'inizio del testo, ci vuole tempo affinché determinate condizioni si ristabiliscano. Anzitutto occorre del tempo per correggere gli eventuali eccessi del precedente ciclo, ma anche per ristabilire, attraverso una crescita costante del mercato, un nuovo sentimento di fiducia per poter cancellare i timori e rimarginare le ferite del precedente ribasso.

Tutto questo serve pure affinché una nuova generazione di investitori possa avvicinarsi alla borsa, in modo da riformare quella famosa "folla di investitori" che si assumano i rischi che essi stessi, come individui indipendenti, con idee chiare, non avrebbero mai preso in considerazione. Osservate nella Figura 9 come alla borsa italiana siano serviti circa cinque anni, dal 1993 al 1997, per portare a termine tutta la fase appena descritta: smaltire la sbornia del grande ribasso dovuta alla precedente speculazione del 1986, avviare un periodo di rialzo e successiva accumulazione per rassicurare gli investitori; così, nel frattempo, si è data alla nuova generazione la possibilità di avvicinarsi alla borsa con la solita sicurezza e tracotanza di tutti i nuovi entrati.

Figura 9.

La differenza tra panico (isterismo collettivo) e depressione

Da quanto considerato nel Segreto seguente nasce la necessità di distinguere, nel caso di un prolungato ribasso di borsa, tra:

- panico delle vendite;
- fasi di depressione.

SEGRETO n. 16: la direzione del mercato nel lungo periodo è sempre dettata dal ciclo economico; ma anche gli aspetti psicologici sono importanti, perché determinano la velocità e l'intensità della crisi (panico) o della bolla (euforia).

Com'è possibile distinguere in quale delle due fasi, panico o depressione, ci troviamo? Anzitutto osservando la **durata**: il panico raramente dura più di un mese, la depressione può durare anche diversi anni. Nelle successive figure abbiamo due tipici esempi di mercato in preda al panico. Nel primo caso, come mostra la Figura 10, abbiamo il mercato da qualche mese in una fascia ben delimitata, ma in occasione della crisi asiatica del 1998 il mercato improvvisamente perde circa il 35% per poi recuperarlo interamente nelle settimane successive.

Figura 10.

Nella Figura 11 sempre l'indice italiano è inserito in un trend ribassista di medio periodo, ma in occasione dell'attentato alle torri gemelle in poche sedute perde circa il 30% per poi recuperare quasi tutto nelle settimane seguenti.

Figura 11.

I periodi di depressione sono molto meno appariscenti, ma più dannosi e pericolosi degli episodi di panico. La depressione è un processo lento, all'inizio spesso sottovalutato. Inoltre non deve trarre in inganno il fatto che se il mercato per anni rimane sugli stessi livelli non si perde niente; in periodi di alta inflazione questo si traduce in una perdita, in termini reali, di parecchi punti percentuali.

In questo caso, per rendersene conto, bisognerebbe guardare il grafico del mercato azionario deflazionato, cioè l'indice azionario al netto dell'inflazione: solo così si può vedere realmente quanto ha reso in termini reali il nostro investimento.

Infine, si può anche avere il caso che un periodo di depressione finisca con una crisi di panico. Nella Figura 12 è rappresentato il caso in cui il mercato, in questo caso quello americano, è rimasto sostanzialmente sugli stessi livelli per più di un ventennio, cioè dal 1960 al 1980 circa.

In termini reali gli effetti sono più gravi di quanto si pensi, perché ai mancati guadagni in investimenti alternativi si somma il tasso di inflazione annuale che in quegli anni, tra l'altro, era particolarmente elevato. Infatti, a una situazione di sostanziale stabilità delle quotazioni correnti, le quotazioni reali lasciarono sul terreno ben il 66% del loro valore. La flessione in termini reali quindi non fu molto diversa da quella del periodo della Grande Depressione.

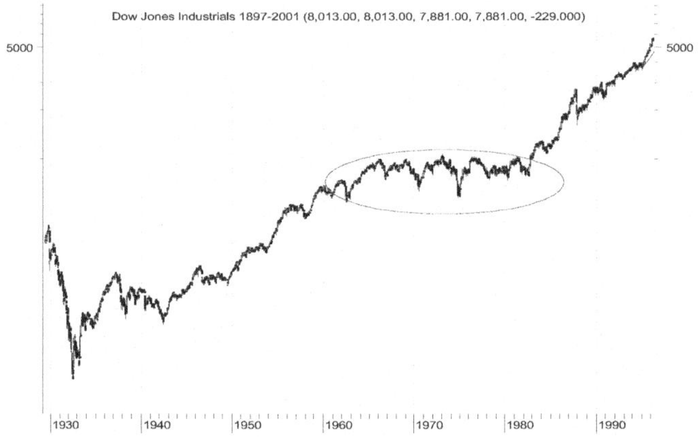

Figura 12.

Crisi di panico o di depressione

La psicologia del panico è diversa da quella della depressione; nel primo caso il sentimento dominante è la paura, nel secondo caso, invece, si presentano diverse emozioni, che vanno dallo smarrimento iniziale all'incredulità, fino alla disperazione e alla rassegnazione finale.

Di conseguenza, nel caso del panico, l'investitore reagisce con delle vendite, mentre nella depressione reagisce con degli acquisti. Inutile sottolineare il fatto che le strategie operative corrette sono esattamente quelle contrarie.

Cosa c'è dopo il movimento di massa? L'isterismo collettivo o l'euforia contagiosa: ambiente ideale per l'entrata del parco buoi. E l'esempio più clamoroso di questo isterismo fu il crollo in Olanda del 1636, dove l'investimento non riguardava né azioni, né obbligazioni o materie prime, ma bulbi di tulipano.

Pensate che le cose siano cambiate? Niente affatto. La massa "ragiona" sempre alla stessa maniera. Cosa vendevano le società della new economy nel "lontano" 1998/99 dove furono quotate un numero imprecisato di aziende della cui attività non si sapeva quasi niente di preciso? Idee e aspettative.

Addirittura, nel 1929, una delle tesi sostenute da torme di economisti americani era quella di essere riusciti a realizzare una crescita costante senza inflazione, cioè la fine dei cicli economici. Purtroppo, come sempre, si è pervenuti a un punto in cui sia la speculazione, sia il credito, arrivano al limite della loro espansione. Allora ricompare il ciclo economico vendicandosi, la macchina per il moto perpetuo comincia a muoversi nella direzione opposta e la nuova era è consegnata alla Storia.

La volatilità

È stato dimostrato come, nei prezzi di borsa, ci sia una tendenza a movimenti più ampi di quelli giustificati dalle notizie economiche ed è stato inoltre evidenziato come, negli investitori perdenti, c'è una tendenza a reazioni eccessive alle notizie provenienti dal mercato. La volatilità è quindi il segno di una tendenza degli agenti a un'iper-reattività spiegabile solo con categorie psico-sociali.

L'incertezza sul valore corretto di un titolo fa sì che le opinioni siano fortemente soggette a influenza sociale, come dimostrano molti esperimenti (Sherif, 1936/37) sulla forza della pressione sociale e sui processi di valutazione e di stima. Ciò facilita, indirettamente, i contagi di massa, capaci di spostare in modo rilevante la domanda e quindi i prezzi.

SEGRETO n. 17: la volatilità è un elemento da monitorare e da cui è possibile distinguere le diverse fasi di panico o euforia e depressione o crescita: molto alta nel primo caso, stabile o decrescente nel secondo.

È importante cercare di individuare questi momenti di mercato, cioè con alta volatilità, perché in questi casi l'analisi tecnica tradizionale funziona molto meno in quanto "infettata" da comportamenti irrazionali.

Ai fenomeni di psicologia collettiva si aggiungono quelli del singolo investitore. Fondamentale è la natura del gioco ad alto contenuto di azzardo della speculazione di borsa. Il mutare della tecnologia e degli strumenti operativi hanno solo fatto aumentare il peso dell'elemento umano, cioè l'emotività. L'effetto finale è un notevole aumento della volatilità.

RIEPILOGO DEL CAPITOLO 4:

- SEGRETO n. 14: Qualunque cosa facciano i prezzi, i volumi devono essere coerenti, altrimenti si rischia di cadere in qualche trappola.
- SEGRETO n. 15: I volumi sono fondamentali perché ci dicono, per ogni livello di prezzo, quante persone si sono scambiate quelle azioni e di conseguenza quante persone detengono quei titoli in portafoglio.
- SEGRETO n. 16: La direzione del mercato nel lungo periodo è sempre dettata dal ciclo economico; ma anche gli aspetti psicologici sono importanti, perché determinano la velocità e l'intensità della crisi (panico) o della bolla (euforia).
- SEGRETO n. 17: La volatilità è un elemento da monitorare e da cui è possibile distinguere le diverse fasi di panico o euforia e depressione o crescita: molto alta nel primo caso, stabile o decrescente nel secondo.

CAPITOLO 5:
Perché i cicli si ripetono

Con la nascita e lo sviluppo del capitalismo, delle innovazioni tecnologiche e, quindi, dei mercati azionari per la raccolta dei capitali, si è radicata negli investitori la rassicurante idea che l'investimento di lungo periodo sia premiante. D'altro canto, gli indici azionari nel lungo periodo hanno sempre mostrato andamenti crescenti. Lo stesso Ralph N. Elliot sviluppa la sua teoria delle onde partendo dall'idea che il mercato nel lungo periodo sia orientato al rialzo.

Ma proprio dal sistema capitalistico nasce il primo problema: anche le imprese hanno un loro ciclo di vita e di conseguenza nel lungo periodo (cioè molte decine di anni) nel mercato azionario c'è una mortalità implicita e un continuo ricambio di aziende.

Delle società che dettero vita al famoso indice DJ credo ne rimangano poche o nessuna, e così è anche per le società italiane degli anni '60 e '70. Inoltre, i settori trainanti degli anni '60 non sono quelli degli anni '90 e così via. Cosa dire, invece, di un ipotetico investitore che, all'inizio del '900, avesse investito in azioni dell'impero russo, una delle potenze mondiali dell'epoca, e non certo in titoli USA, che era ancora un paese di pionieri acerbo sul piano finanziario?

I titoli russi sarebbero diventati carta straccia dopo la rivoluzione bolscevica. L'America sarà ancora la potenza dominante fra quaranta o cinquant'anni? Qualcuno obietterà che cinquanta o sessant'anni sono periodi troppo lunghi e che esistono i fondi comuni che replicano gli indici azionari.

Anche considerando dei periodi più brevi, cioè fino a dieci o quindici anni, bisogna considerare un altro e più importante problema da affrontare: quello psicologico.

Anzitutto dobbiamo scontrarci con le aspettative dell'investimento azionario. Una persona che, nello studio dei mercati azionari è sicuramente un passo più avanti degli altri, ha cercato, in uno dei suoi incontri, di farci capire che mediamente il rischio di un investimento azionario viene remunerato dal mercato intorno al 5%. Le attese sottostanti a un investimento azionario sono invece ben diverse; si spera di raddoppiare il capitale nel giro di poco tempo, ma si tratta di aspettative senza alcun fondamento.

L'investimento azionario di lungo periodo è davvero premiante? Si pensa con una certa ingenuità che la borsa sia un luogo per diventare ricchi "presto e alla grande".

La conseguenza è che si entra in conflitto con le attese e con se stessi; a questo si aggiunge l'andamento altalenante dei mercati e i condizionamenti esterni, che incidono notevolmente, mentre è determinante saper resistere alla paura e alla cupidigia.

Si aggiunge ancora la tentazione di cambiare cavallo, e in questo i mass media hanno una grossa responsabilità, quando ogni mese o addirittura ogni settimana propongono il portafoglio ideale, disorientando il risparmiatore che viene tentato, in questa maniera, a movimentare continuamente il proprio portafoglio.

Le variazioni azionarie da un anno all'altro sono state da capogiro: si può andare da un -50% a un +50%, e parliamo dell'intero mercato. Per i singoli titoli le fluttuazioni possono essere molto più ampie. Uno studio degli ultimi duecento anni di storia dei mercati finanziari americani mostra come un investitore in azioni il cui periodo di detenzione non superi l'anno, ha una possibilità abbastanza elevata di restare deluso: solo nel 40% dei casi, se si assume il passato come guida, riuscirà a spuntare rendimenti superiori a quelli delle obbligazioni.

Siccome si calcola che l'orizzonte temporale dell'operatore medio sia di un anno circa, l'osservazione appena fatta spiega in buona misura perché molti investitori continuino a guardare le azioni con sospetto e apprensione – un atteggiamento che in tempi come gli attuali deborda in virulenta avversione.

Quando si allunga il periodo di detenzione, la volatilità dei rendimenti diminuisce. Nel breve periodo i mercati azionari sono dominati dai comportamenti speculativi e dalla instabile psicologia della massa degli investitori: imprevedibilità e volatilità sono al massimo. Più lo sguardo si allarga al lungo periodo, più emerge un fattore guida di altra natura: il valore fondamentale dei titoli. Infine abbiamo da considerare anche un altro aspetto: quello dell'inflazione sugli indici di borsa. Nell'investimento di breve periodo l'effetto è trascurabile, ma nel lungo periodo le dinamiche inflattive non possono non essere tenute in considerazione.

Nella Figura 13 abbiamo l'indice storico della borsa italiana *Il Sole 24 ore*. 1938 = 1 con rappresentazione logaritmica.

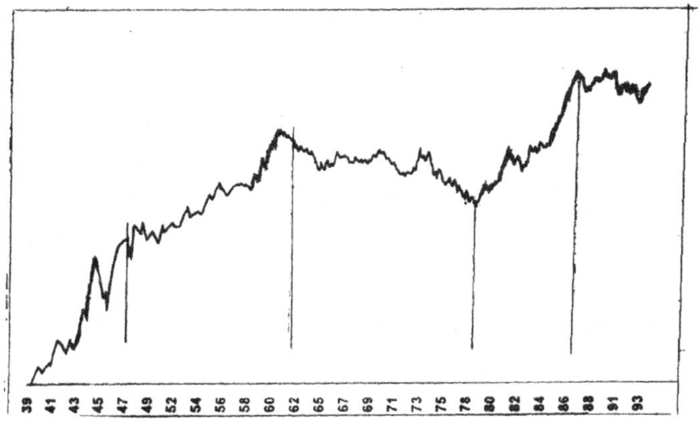

Figura 13.

L'indice del Sole 24ore che nel 1938 è uguale a 1 si trova a quota 5 nel 1946. Si può quindi considerare, tenuto conto anche dell'inflazione e del caos politico, che il mercato rialzista inizia nel dopoguerra fino a raggiungere il massimo alla fine del 1960, mentre il minimo di questo lungo ciclo si avrà nel 1977 a quota 33 (che corrisponde al 54 dell'indice Comit, nato nel 1973).

Dal minimo del 1977 è partito il secondo grande ciclo in cui attualmente ancora ci troviamo, che ha fatto il massimo nel 2000 (ventitré anni di rialzo) mentre attualmente siamo nel tredicesimo anno ribassista.

Il periodo dove è opportuno concentrare l'attenzione in questo ambito è quello che va dal massimo del 1960 al minimo del 1977. In termini di lire correnti questo significa una flessione del 76% in diciassette anni, in lire costanti abbiamo invece una flessione del 94%, che vanifica completamente la crescita del precedente periodo di boom. In particolare, la discesa diventa molto pronunciata, sempre a lire costanti, in tutti gli anni '70, coincidente con il primo shock petrolifero.

Un crollo che potrebbe paragonarsi a quello vissuto dalla borsa americana all'epoca della Grande Depressione. Anche nel periodo successivo, cioè negli anni 1977/1985, la crescita in termini reali risulta essere quasi nulla in quanto coincidente con il secondo shock petrolifero che ha avuto l'effetto di importare inflazione.

Investimento azionario e investimento obbligazionario

Se l'investimento obbligazionario è più remunerativo di quello azionario a nessuno converrebbe fare l'imprenditore, perché rischiare tanto? Vuol dire che nel lungo periodo è più remunerativo investire nell'impresa ma solo per l'azionista storico. Quando compriamo delle azioni diventiamo soci dell'imprenditore ma le paghiamo molto più del loro prezzo iniziale, di conseguenza il nostro investimento diviene molto meno remunerativo di quello dell'azionista storico.

SEGRETO n. 18: per essere remunerativo nel lungo periodo, l'investimento azionario non deve essere passivo ma attivo, altrimenti è più remunerativo quello obbligazionario.

Immaginiamo il disastro se quelle azioni sono, al momento dell'acquisto, anche sopravvalutate. Il mercato sostanzialmente è sempre in una bolla speculativa in un senso o nell'altro, vale a dire è sopravvalutato o sottovalutato e solo raramente è correttamente valutato. Di conseguenza diviene fondamentale il timing, cioè il momento di entrata e di uscita. Su quale ciclo operare?

Una strategia attiva di protezione dal rischio azionario può essere percorribile, anche per il piccolo investitore, se si fissa lo sguardo sui cicli lunghi del mercato e dell'economia. Accenno a due semplici regole per aumentare i rendimenti:

- andare controcorrente rispetto al *sentiment* nelle sue manifestazioni estreme, aumentando l'esposizione nel mercato azionario quando la maggior parte degli investitori è pessimista e riducendola quando tutti sono ottimisti;
- seguire l'offerta di moneta, sovrappesando le azioni quando le banche centrali abbassano i tassi a breve per dare ossigeno a un'economia in crisi, sottopesandola invece quando le minacce d'inflazione spingono le banche centrali verso politiche monetarie restrittive.

Per il lungo periodo un giusto equilibrio tra attese e rendimento credo sia quello che in economia viene chiamato il ciclo di Kitchin, detto ciclo delle scorte, della durata di tre-cinque anni. Intorno al 1923 il professor Joseph Kitchin riuscì a dimostrare l'esistenza di un ciclo a quarantuno mesi nelle compensazioni fra le banche, nei prezzi all'ingrosso e nei tassi di interesse negli Stati Uniti e in Gran Bretagna. Questo ciclo risulta compatibile con il ciclo quadriennale dei prezzi azionari.

Esso è stato rilevato nei prezzi azionari dal 1871, è abbastanza ricorrente e facile da individuare e di conseguenza è possibile riuscire a ottenere un buon ritorno in termini di rendimento. Vuol dire che abbiamo svoltato, come si dice in gergo?

Al tempo: questo ciclo tra il 1871 e il 1946 si è presentato ventidue volte con una costanza quasi misteriosa. Poi improvvisamente è scomparso per riapparire successivamente non solo invertendo la direzione ma con una durata media maggiore.

Cosa significa questo? Che tutti i cicli, dall'onda lunga di Kondratieff della durata di circa cinquantaquattro anni a quelli di poche settimane, possono improvvisamente cambiare o svilupparsi in modo completamente diverso, tutto questo senza nulla togliere alla teoria dei cicli che, per me, rimane validissima.

Perché i cicli si ripetono

«Come è stato detto… la storia ripete se stessa e il progresso fa altrettanto. Ci sono dei cicli all'interno dei cicli, ciò che è scritto sull'oggi – ciò che accade oggi – è accaduto nel passato e accadrà nel futuro, non una, ma mille volte».

E ancora: «Il tempo e la storia si ripetono un certo numero di volte. Alcuni eventi hanno un ciclo breve e si ripetono nell'arco di pochi minuti, o giorni o mesi o anni. Altri avvenimenti si ripetono invece solamente nell'arco di decenni, secoli o addirittura millenni. Ma anche in questo caso il ciclo è rispettato. Questa è la legge fondamentale della natura. La legge dell'Onnipotente dice che la vita va e viene, ma ciò che accade all'uomo si ripete all'infinito».

Questo passo tratto dal libro *Le profezie delle piramidi* di Max Toth descrive meglio di qualunque altra frase il concetto di come tutto ciò che ci circonda si muove in cicli. Dai cicli del sistema solare ai cicli della natura, fino ad arrivare al mondo subatomico. I cicli che più ci interessano in questa sede sono, naturalmente, i cicli dei mercati finanziari e in particolare dei condizionamenti psicologici di chi in essi opera. Il comportamento degli operatori risponde a una legge universale di comportamento delle masse largamente presente in natura e facilmente interpretabile.

Nel corso dei decenni le stesse configurazioni si sono ripetute nelle fasi di accumulazione, continuazione, distribuzione. Per quanto le tecniche si affinino e gli studi progrediscano, difficilmente la psicologia dei mercati cambierà, molti investitori continueranno nelle fasi di panico a regalare i propri titoli e li riacquisteranno quando il trend avrà già fatto i tre quarti del percorso.

Considerati dal punto di vista psicologico, i cicli corrispondono alla teoria delle aspettative degli operatori. John M. Keynes stesso, osservando il mercato, formula una serie di riflessioni sugli aspetti psicologici dei processi di formazione delle attese. Fondamentale è l'orizzonte temporale. L'economista distingue fenomeni di breve, medio e lungo o lunghissimo periodo che, aggiungiamo noi, sono intrinsecamente correlati tra loro:

- nel breve periodo sono più frequenti violente oscillazioni di opinione. Keynes attribuisce a queste microvariazioni una particolare irrazionalità e miopia;
- nel medio-lungo periodo sono ancora possibili improvvise oscillazioni, ma sono contrastate da opposte dinamiche psicologiche, rappresentate dall'inerzia e dalla staticità delle rappresentazioni del futuro stato degli affari. Quando il clima psicologico è negativo e gli investimenti ristagnano da molto tempo, a meno di avvenimenti di grande rilievo, si creano dei periodi di depressione;
- nel lunghissimo periodo, Keynes colloca l'esistenza di credenze, di rappresentazioni sociali fondamentali. Queste vere e proprie architravi del comportamento economico e civile hanno una particolare stabilità e, quando sono soggette a variazioni, possono portare sconvolgimenti di portata storica.

SEGRETO n. 19: i cicli possono avere durate che vanno da pochi giorni a diversi decenni e, in ogni momento, un diverso numero di questi cicli è simultaneamente in atto, esercitando forze differenti in istanti differenti.

Ciò significa che possiamo ritrovare dei cicli simili a condizione che vengano considerati in relazione alla loro posizione rispetto alle onde di più lunga durata. Di conseguenza l'interpretazione degli indicatori tecnici deve essere adattata in conformità. Bisogna quindi, come suggeriva Gann, andare molto indietro nel tempo e studiare le caratteristiche dei cicli passati e molto probabilmente si troveranno dei cicli simili.

Probabilità e pazienza

Un altro concetto che prendiamo a prestito da Keynes è quello della probabilità. La probabilità si riferisce al giudizio umano, quindi al modo in cui ragioniamo e argomentiamo. Gli agenti economici nei mercati azionari ragionano e si comportano come gli uomini comuni, quindi sempre alla stessa maniera. La probabilità non si riferisce agli eventi ma alla logica umana.

SEGRETO n. 20: quello che ogni buon professionista dei mercati finanziari ricerca, o dovrebbe ricercare, non è il colpo di fortuna imprevisto ma la ragionevolezza delle sue decisioni.

Ragionevolezza formata da probabilità e fiducia nel ragionamento probabile, fiducia intesa come peso dell'argomentazione. La principale differenza tra un trader vincente e uno perdente è psicologica. Gli investitori vincenti ipotizzano almeno due scenari alternativi, magari dando a ciascuno di loro un peso probabilistico e per ogni scenario avranno una precisa strategia da adottare.

Inoltre, la ricerca scientifica ha dimostrato che nel lungo termine gli investitori vendono azioni in rialzo più frequentemente (il doppio delle volte) di quanto vendano le azioni che stanno scendendo. Ciò significa che le azioni il cui prezzo è superiore a quello di acquisto hanno una probabilità più alta del 50% di essere vendute rispetto alle azioni in rosso.

Nel breve termine invece, questo si traduce nel fatto che, anche se le operazioni positive superano quelle negative, nel complesso si è in perdita perché si perde così tanto nelle operazioni al ribasso da prosciugare i guadagni ottenuti con le operazioni al rialzo. Tagliare le perdite e far correre i profitti significa essere vincenti, anche se solo un terzo delle nostre operazioni sono positive. Un'ultima cosa bisogna avere sempre in abbondanza: la pazienza.

SEGRETO n. 21: non entrare mai nel mercato solo perché sei stanco di aspettare.

Occorre cioè non operare ad ogni costo, ma saper aspettare il momento opportuno, quando il rischio/rendimento è elevato, in altri termini quando c'è una buona probabilità di vittoria. Evitate di cadere nel cosiddetto "terrore di restare liquidi", quasi che i soldi tenuti sul conto corrente scottassero. Un modo sicuro per perdere una guerra è trovarsi senza riserve strategiche quando necessitano.

Pensiamo al comportamento delle grandi società che detengono in liquidità, per diverso tempo, centinaia o migliaia di miliardi. Sono più ingenui di noi? Al contrario sono pronti a gettarsi nella mischia, ma solo in presenza di un'occasione favorevole.

Avere pazienza e aspettare l'occasione per entrare nel mercato, avere pazienza e attendere l'opportunità giusta per uscire al momento giusto. Per vincere in borsa il 30% è metodo, mentre il 70% è atteggiamento mentale, invece tutti cercano solo un metodo sicuro, un sistemino vincente e chi se ne importa dell'atteggiamento mentale che invece fa la differenza. Purtroppo, in nessun altro luogo come in borsa ci sono persone che vivono al di sopra delle proprie capacità intellettuali.

Per avere successo negli investimenti bisogna avere una conoscenza approfondita di se stessi, più che successo nel proprio lavoro o nelle relazioni interpersonali; occorre accettare anche le parti più oscure di sé e le pulsioni inconfessate. Come recita giustamente l'adagio che gira a Wall Street: «Il mercato azionario è il luogo nel quale scoprire chi siamo è estremamente costoso».

RIEPILOGO DEL CAPITOLO 5:

- SEGRETO n. 18: Per essere remunerativo nel lungo periodo, l'investimento azionario non deve essere passivo ma attivo, altrimenti è più remunerativo quello obbligazionario.
- SEGRETO n. 19: I cicli possono avere durate che vanno da pochi giorni a diversi decenni e, in ogni momento, un diverso numero di questi cicli è simultaneamente in atto, esercitando forze differenti in istanti differenti.
- SEGRETO n. 20: Quello che ogni buon professionista dei mercati finanziari ricerca, o dovrebbe ricercare, non è il colpo di fortuna imprevisto ma la ragionevolezza delle sue decisioni.
- SEGRETO n. 21: Non entrare mai nel mercato solo perché sei stanco di aspettare.

Conclusione

Un'attività di trading molto intensa viene spesso paragonata al gioco d'azzardo, di conseguenza i trader possono trovarsi in una condizione di dipendenza patologica, nel qual caso la fantasia e i desideri prevalgono sul senso della realtà e sul comportamento che ne consegue.

Agire in base al proprio istinto, specialmente quando questo prende il sopravvento, può essere molto pericoloso, visto che queste decisioni provengono da qualche lato oscuro della nostra personalità. Le ambizioni e i desideri possono distoglierci dal rispetto delle regole che devono essere rigorosamente seguite per operare con successo. Un conto sono gli enunciati, un conto è la realtà.

L'aiuto ricavabile dalla conoscenza della psicologia dei mercati è il controllo delle emozioni. Non credo che siano stati scoperti trading system per battere sistematicamente la borsa e ricavarne profitti. Riconoscere che si può sbagliare e ammetterlo a se stessi è tremendamente difficile; ma occorre proprio saper riconoscere gli errori, non deprimersi, non esaltarsi, ma essere umili: così il gioco è aperto a tutti.

Alcune volte bisogna guardare il mercato da ingenui, cioè senza idee preconcette. L'ingenuità, propria del bambino, vedendo il prezzo di un'azione salire, dice: «Sale», mentre la furbizia dell'adulto dice: «Deve scendere» perché... in borsa si opera per guadagnare e non certo per avere ragione. Limitatevi a vedere cosa mostra il mercato senza cercare di predirlo o anticiparlo. Affrontate i fatti e accettateli. Cambiate il vostro pensiero e la vostra posizione. Cambiate insieme al trend. Molta attenzione, infine, va rivolta alla pianificazione, in quanto l'attività di investimento è un processo e non una serie di operazioni indipendenti. Processo che richiede lavoro, concentrazione e continuità di applicazione.

Molto spesso è più conveniente limitarsi a osservare cosa sta facendo il mercato; quindi, data una tendenza occorre vedere dove entrare e dove mettere lo stop; stop loss modificabile per ridurre progressivamente il rischio prima e consolidare i guadagni poi. Gli stessi obiettivi sia di tempo sia di spazio vanno, inoltre, considerati non come punti esatti, ma come zone di probabilità, come possibili aree in cui la tendenza si può momentaneamente arrestare o invertire. Maghi, astrologi e cartomanti hanno così largo successo perché soddisfano un bisogno interiore di sicurezza, e si accettano le loro previsioni senza analizzarle o discuterle. Che differenza trovate tra costoro e un analista che, ad esempio, vi predice che il titolo XYZ alle ore 13,30 del 23 marzo dell'anno X quoterà 23,50 euro?

E ricordatevi che, come sostiene Keynes, «essendo impossibile conoscere il futuro con un minimo grado di certezza, i valori del mercato azionario dipendono in definitiva da uno stato di fiducia, a sua volta risultato della psicologia di massa di un gran numero di individui ignoranti».

Buon trading a tutti.

Bibliografia

Analisi tecnica dei mercati finanziari – Martin J. Pring

Come guadagnare in borsa con la psicologia – Renato Paludetto

Day Trader – Gregory J. Millman

Istituzioni di sociologia – Giovanni Cola

La fabbrica dei soldi – Giancarlo Galli

Mente e denaro – Luigi Ferrari e Dario F. Romano

Psicologia della finanza – Lars Tvede

Psicologia dell'investitore – S. Fasullo e S. Ciriaco

Psicologia delle folle – Gustave Le Bon

Psicologia di marketing e comunicazione – Daniele Trevisani

Psicologia delle masse e analisi dell'Io – Sigmund Freud

Rendimenti finanziari e strategie d'investimento – Jeremy J. Siegel

Teorie della razionalità e scienze sociali – Raymond Boudon, Albertina Oliverio, Dario Antiseri

45 Years in Wall Street – William D. Gann

Siti internet:

www.soldionline.it

www.psychomedia.it

Made in the USA
Monee, IL
04 November 2026

67376993R00066